I0139859

Poemínimos, frases y reflexiones

Poemínimos, frases y reflexiones

Julio Francisco Javier Huerta Moreno

ᵍola
PUBLISHING
INTERNACIONAL

Copyright © 2023 Julio Francisco Javier Huerta Moreno, Todos los derechos reservados.
Editado por Raúl Medrano Lizárraga

Ninguna parte de esta publicación podrá ser reproducida, almacenada en un sistema de recuperación o transmitido de ninguna manera ni por cualquier medio, ya sea electrónico, mecánico, mediante fotocopias o grabaciones, sin permiso previo de Hola Publishing Internacional.

Los puntos de vista y opiniones expresados en este libro pertenecen al autor y no reflejan necesariamente las políticas o la posición de Hola Publishing Internacional. Cualquier contenido proporcionado por nuestros autores es de su opinión y no tiene la intención de difamar a ninguna religión, grupo étnico, club, organización, empresa, individuo o persona.

Para solicitudes de permisos se debe escribir a la editorial, dirigido a "Atención: coordinador de permisos", a la siguiente dirección.

ola
PUBLISHING
INTERNACIONAL

Hola Publishing Internacional
Eugenio Sue 79, int. 4, 11550
Ciudad de México

Primera edición, Mayo 2023
ISBN: 978-1-63765-406-4

La información contenida en este libro es estrictamente para propósitos informativos. A menos que se indique otra situación, todos los nombres, personajes, negocios, lugares, eventos e incidentes en este libro son producto de la imaginación del autor o usados de manera ficticia. Cualquier parecido con personas reales, vivas o muertas, o eventos actuales, es pura coincidencia.

Hola Publishing Internacional es una empresa de autopublicación que publica ficción y no ficción para adultos, literatura infantil, autoayuda, espiritual y libros religiosos. Continuamente nos esmeramos para ayudar a que los autores alcancen sus metas de publicación y proveer muchos servicios distintos que los ayuden a lograrlo. No publicamos libros que sean considerados política, religiosa o socialmente irrespetuosos, o libros que sean sexualmente provocativos, incluyendo erótica. Hola se reserva el derecho de rechazar la publicación de cualquier manuscrito si se considera que no se alinea con nuestros principios. ¿Tiene una idea para un libro que quisiera que consideremos para publicación? Por favor visite www.holapublishing.com para más información.

Índice

Introducción

Desde niño, varias ideas, chistes, o frases escuché, vi o inventé para referirme a hechos o circunstancias de la vida.

En mi actividad docente en la Universidad Autónoma Metropolitana, durante más de cuarenta años, aprendí frases e ideas muy interesantes para aplicar en la vida o sólo para divertirme.

Mi gusto por la música hacía que parte de letras de canciones las modificara para expresar alguna idea diferente con ironía o humor.

Alguna vez alguien me dijo: "¿Por qué no escribes esas cosas que dices?". Lo intenté, pero no salía ningún escrito o historia de más de una página. Obvio yo no soy escritor, en todo caso sólo soy una persona que se le ocurren frases o comentarios irónicos, sarcásticos o de broma.

Cayó en mi *laptop* una cita al revisar literatura de poetas mexicanos. Especialmente me llamó la atención un poeta nacido en la tierra de mis ancestros, Guanajuato, de principios del siglo pasado, llamado Efraín Huerta. Escuso decirles que su apellido me llamó poderosamente la atención, así como la referencia a su lugar de origen.

Leyendo a ese gran poeta mexicano me di cuenta de que algunos de mis escritos, anécdotas o frases parecían poemínimos, los cuales los describe, parafraseando, como: poemas cortos, en verso o en prosa que ironizan y describen una pequeña realidad cotidiana o pícara de la vida; menciona que son más como una colección de frases, tanto en prosa como en verso, que de algún modo reflejan un sentir cotidiano o popular sin mayor pretensión, y el desenfado y la libertad de expresar ideas son su propósito.

Los poemínimos, más bien, rompieron con la forma institucionalizada de escribir poemas; son más como un despropósito para la tradición instituida del ser poeta y de cómo crear poemas.

Fue innovador para su tiempo, tiempo que se caracterizó precisamente por un elogio a la vivencia de lo cotidiano, de lo significativo, a partir de romper con esquemas, de lo no encasillado, de lo divertido o reflexivo, sin la búsqueda del reconocimiento de "la academia" o del purismo estricto que la época de los sesenta plasmó en diversas expresiones artísticas.

El cielo llegó a mí y volé en la lectura de su obra, fascinado y con todo el deseo de ajustar mis frases y anécdotas a la construcción de poemínimos.

Me di cuenta de que me faltaba oficio. No soy escritor ni poeta, ni las compongo en el aire. Y los poemínimos son difíciles de escribir, pero muchas frases que escuché o inventé en charlas y pláticas con amigos podrían ser cercanas a poemínimos, epigramas; un poco de algunos de estos y un poco nada de estos.

Mi intención al presentar estas palabras, frases, poemínimos, epigramas, tiene como finalidad sólo expresar ideas y entregar a ustedes una colección de humor, sarcasmo e ironía sobre la vida misma.

Con esa aclaración, que no es justificación, pues ya dije que mi propósito es sencillamente transmitir contenidos que provoquen reacciones en el lector, los invito a sumergirse en estos poemínimos, frases y reflexiones, deseando que sea leve su lectura.

En el estilo de no encasillar en el método y la estricta forma de construir frases y poemas, sino en la estricta forma de no ser estricto en la forma, pero sí estricto en la libertad de expresar ideas y conceptos simples que puedan significar para el lector una distracción, risa, o alguna reflexión.

Algunos ejemplos de poemínimos de Efraín Huerta:

Ahorita
Vengo
Voy a dar
Un paseo
Alrededor
De Mi
Vida
Ya vine

Los lunes, miércoles y viernes
Soy un indigente sexual;
Lo mismo que los martes
Los jueves y los sábados
Los domingos descanso

Bienaventurados
Los poetas Pobres
Porque
De ellos
Será El reino
De los Suelos

Si no Fuera
Por mi
Buena Salud
Ya me habría
Muerto

Pueden consultar estos poemínimos en:

*Los poemínimos de Efraín Huerta, Círculo de Poesía. Revista electrónica de Literatura, 12/ 2013. O Estampida de poemínimos en: Los libros del Bicho Premisa Editora de Libros. www. Lecturolandia.com 2012.

Me cuestionó el editor: "Oye, la bibliografía va al final de la obra. ¿Que no sabes el método APA para citar un texto y luego al final poner la referencia completa?». Le dije: "Sí sé el método APA, pero oye, apá, que si bien es cierto que debe citarse para que no sea considerado como fusil, no se puede ser desenfadado y no tradicional". Por tal razón, y a propósito, pongo aquí la cita, y al final ya verán lo que se puso.

El interés de este libro no es hacer un reporte académico y de investigación con innumerables citas y referencias, eso lo hice en mis otros libros; en este solamente no es necesario y sólo será delimitado por la vivencia, anécdota, frase o poemínimo que resulte de la subjetividad de quien lo dice, lo escuchó, lo inventó, quizás lo interpretó o así le fue.

Después de este rollo dirán mis alumnos que es necesario para mí empezar antes de que sea tarde.

1

Del amor y esas cosas

Según lo que dicen grandes músicos, el amor es todo lo que necesitas. Es una fuente inagotable de ideas, frases, sentimientos, pero también es confuso y en ocasiones no nos damos cuenta de que nos quieren; será porque no es a nuestro modo. Y a veces creemos que nos quieren y resulta que es todo lo contrario, pues es al modo del otro.

Y la pérdida del amor es muy inspiradora de obras artísticas, sean poemas, canciones, pinturas, entre otras.

En este primer grupo de frases presentamos con humor e ironía este tema, de acuerdo con lo visto, escuchado, o inventado, pero que significa algo que quiero decir u opinar. Espero que el lector encuentre algún sentido o significado para sí.

Es hermoso
quererte,
pero
más hermoso
sería
si
lo supieras.

Te
Amo
sin
pensarlo
para
entonces
poder
seguir
amándote.

Juntos
por el cielo
caminando
agarraditos
de la mano
hasta
que
nos
sentaron.

El eterno dilema: *me quieres, no me quieres… Tú eres el que no me quiere.* Desapego, desamor, es parte de los mismo. Se quiere mucho del otro, pero la verdad no se quiere todo del otro, aunque todo se pida. La decepción va de la mano de la admiración y vive gracias a ésta.

Sólo sé
que te amo
y sé que
no me amas,
pero sé
que no sabes
que yo sé
que no me amas.
Por eso
cuando
me dices
te amo
no te
contradigo.

Es un dilema; no sabemos si en verdad nos quieren. Luego nos imaginamos que sí, luego que no, entonces cuando te digan te quiero, mejor no discutas y tómale la palabra. Si resulta al final que no, goza el instante que fue sí, o que lo pareció. Ya luego será otra historia.

Me quise
emborrachar
de amor
bebiéndote.
Terminé
sobrio.

Me acabas
de dejar
bien
acompañado
con tu
ausencia.

Mucho
tiempo
invertido
para sólo
ganar
tu olvido.

Estoy
muy contento
hablando
de ti,
como tú
cuando
ríes
con otro
hablando
de mí.

Te amé
tanto
hace
tanto
tiempo
que ahora
ya no me
acuerdo
qué
tanto
te amé.

Sólo
verte
me
duele;
necesito
gotas
o no
verte.

Escucha, mi amor,
el eco
de mi alma
que dice
tu nombre.
¡Qué romántico!
No
escucha
bien porque
yo no
oigo nada.

Paso a paso,
tanto caminé
para alejarme
de ti
y sólo llegué
a tus brazos.

Amor, jugamos
como al principio.
¿Empezamos
de nuevo?
Sí…
¿Quieres
ser
mi novia?
No.

Dije: Amor, ¿es todo?
¡Quiero más!
Dijo: Con una condición.
Dije: ¿Cuál?
Dijo: Tú por tu lado
y yo por el mío.

Ya podemos
hacerlo,
prepárate.
Sí.
¿Negra o azul?
Azul.
Regreso
en media hora

Pero es común que se diga que el amor duele, se dice que duele el corazón, pero es algo más intangible. Digo, bueno, ya me puse a decir, pero si duele o no, cada quien sabe cómo y cuánto duele; porque doler o no doler, esa es la cuestión.

Dolencia de amor, amores que matan… Hay, dolor, me volviste a dar, refiriéndonos a una relación. Sin embargo, cuando te duele, te valen gorro las explicaciones, solamente sabes que te duele; corazón, estómago, cabeza, eso es lo de menos, duele y punto. Y puede afectar tu salud mental y emocional.

> Todo el pabellón sabe
> que el amor duele,
> ¿no lo crees?
> ¿De qué pabellón eres?

¿Cómo curo
mi dolor de amor?
Pues no ames.
¿Y si sigue doliendo?
Pues sigue amando.
A ver quién se cansa primero.

Me encantaría que no me persigas.
No puedo…
…Me dejarías sin objetivo en la vida
Bueno, pues me dejo alcanzar.
No, no hagas eso.
¿Por qué?
Te quedarías
sin objetivo en tu vida.

¿Y qué me dicen de la soledad y la idea de muerte por amor y sus efectos tanto en la percepción como en el significado de las cosas?

El muerto que se sube
a mi cama de noche
no me da miedo,
más miedo me
da que nadie
se suba.

Sólo
odiándote
soy capaz
de amarte,
por eso te odio,
para seguir amándote.

Me dices que las campanas
tañen muerte.
¿Pero es mi boda?
Por eso.
¿Cómo?
Dije tañen fuerte
¿Qué entendiste tú?

A veces escuchamos lo que tememos, o lo que no queremos. Además, no es fácil convencer a la pareja de que sí la queremos; de lo contrario, entonces pasan cosas curiosas.

Como lo que le aconteció a un amigo que no convencía a su amor de que realmente la quería, y tuvo a modo una situación para demostrarle, según él, su amor. A mi manera de ver era irrefutable.

Aprovecho el infarto
para decirte:
¡Escucha a
mi corazón
y cómo late
por ti!

El mismo sujeto, aprovechando, para pedir perdón:
Perdí el pulmón.
No tengo aliento.
Ya ves, amor.
Lo siento.

2

De la autoestima

Tuve la oportunidad de escribir un libro sobre la auto-
estima y, a lo largo de mi experiencia de vida, me di
cuenta de que es la base para vivir.

No me quiero
mover,
no me quiero
arreglar,
no me quiero
cuidar,
no me quiero
divertir,
hasta que caí
en cuenta de
que el problema
es que
no me quiero.

Si no nos amamos y nadie nos ama, la consecuencia es terrible, pues el ser humano necesita saberse amado, saber amar y saber amarse.

Los doctores luego recetan cada cosa y a veces no funciona, como en este caso, escuchado en el diván del terapeuta.

Creo que me
persigue,
creo que me
espía,
creo que me
odia,
creo que me
quiere hacer daño.
El doctor me recetó
ya no ver a
quien me
hace daño,
pero hay
un pequeño
problema:
yo soy me.

Y bueno, en el problema de la autoestima baja, si bien tiene que ver con el cómo me ven los demás, es fundamental cómo yo lo asimilo, por eso es autoestima. El sentir que a alguien le importamos, sentir que nos queremos a nosotros mismos y que otros me quieren igual, sentir que alguien nos necesita.

Pensando en este escrito, creo que habrá alguien a quien le importarán mis frases y reflexiones. Pienso así porque estoy trabajando mi autoestima, y en ese camino andamos, y seguiremos andando, o al menos haremos camino al andar. Pero es común que no nos veamos cómo queremos o, a veces, hasta nos vemos como mucho menos de lo que en realidad somos.

¿Por qué debo
aceptarlo?
No me gusta
lo que veo.
¡Ya sé!
¡Taparé
mi espejo!

En algún texto que no recuerdo bien leí una frase que decía: "Tú a alguien le importas". Pues igual y sí o igual y no, lo más probable es que quien sabe, decía un cómico. Pues que importante, digo yo, es que alguien nos necesite, pues el sentirnos necesitados significa que somos útiles, pues luchamos día a día para eliminar la idea de que somos inútiles, bueno, a lo mejor tú no luchas con esa idea. Otra frase que escuché en la radio me llega: "¿Estás oyendo, inútil?". Bueno, cada quien se pondrá el saco o chamarra que le quede, de todos modos, sigamos adelante, cada quien con su frase de recuerdo.

¿Tú me necesitas?

NO.

Yo sí te necesito.

LO SÉ.

Entonces sí.

¿SÍ QUÉ?

Me necesitas.

NO. ¿PARA QUÉ?

Para

saberte

necesitada.

3

De reflexiones sobre detalles y circunstancias de la vida

A veces no ponemos atención a la vida y ésta pasa alrededor de nosotros, o enfrente, o a un lado, y no nos damos cuenta; o bien la dejamos así o caminamos sin saber. Bueno, alguien decía, la vida es algo que pasa cuando estamos pensado en qué es la vida; bueno, esa es la idea. Mientras sigamos pensando, sucederán muchas cosas y a veces nos damos cuenta demasiado tarde.

Me dijo:
"Voy
pasando".
Y se quedó
así, pasando,
sin acabar
de pasar.

Ahora
escucho
con mucha
claridad
tu indiferencia.
¡Qué buen aparato!

De la música
de antes
decían
grandes músicos
de Liverpool:
"El amor que recibes
es el amor que das" *.
Si lo hubiera
escuchado antes
todo sería *cool*.
(*John Lennon, Paul McCartney,
The End, Apple Records, 1969)

Paso
a pasito
llegué
hasta
el
final
de
ninguna
parte.

Decía el poeta que la vida es sueño, bueno, pero creo que algunos estamos eternamente dormidos... Por lo pronto, es la hora de mi siesta.

Un espacio
vacío,
una cortina
cerrada,
la oscuridad
entra,
el ruido
se va.
¿Ya podré dormir?

Felicidad,
toda una vida
te busqué
y sólo cuando
dejé de hacerlo
me di cuenta
de que estabas a mi lado.

Sobre el comer y sus delicias se dice que comer es un placer. A veces puede no serlo, pero, como decía mi tío Octaviano, primero está el comer que ser cristiano, y al final no pudo comer, pero pudo confesarse.

Efectivamente, alguien alguna vez le dijo a alguien: "Llenas todo mi mundo, llenas mi Universo". Pero era una broma pesada, pues no podía ser una broma ligera por el peso.

Primero
está comer
que ser
cristiano…
¡Murió
bendito!

"Todo el Universo
está en ti",
me
dice un amigo.
Quizás se refiera
a que
subí de peso.

Y, hablando de ser bendito, el tío Octaviano contaba otra anécdota; le pasaron muchas cosas, tantas que no sé si fueron reales o ficción.

Llegó y con una
señal
de su dedo
nos bendijo.
Todos
nos arrodillamos.
Nos miró confundido
y siguió
su camino;
parece que
no fue bendición.

Ni cuenta
me di.
Tuve
oportunidad
de quedarme
callado,
pero
la perdí
otra vez.

En otra ocasión le recriminaban al tío Octaviano: "¿Por qué no resuelves el problema? Ya te tardaste demasiado". No entendía por qué lo regañaban, hasta que habló y resulta que calló a todos utilizando una lógica de sentido común impecable; bueno, impecable desde mi percepción, porque desde otra, otra será.

Es
que
el
primer
problema
es
saber
cuál es
el
primero
para
poder
empezar.

Sin pena ni gloria conocí a un compañero de trabajo
que nunca tenía problemas con sus jefes, y recuerdo
también haber escuchado una anécdota que dicen de
un asistente o ayudante de un presidente; es de dominio
público o alguien lo publicó, para el caso aplica, sólo es
cosa de acentos. Además, la modifiqué a mi gusto.

¿Que qué opino
de su opinión, jefe?
Que opina bien.
No sé bien
de qué, pero sé
que bien.

¿Qué hora es?

¿Qué día es?

¿Qué año es?

El que

usted diga

que es.

Claro, es importante que se le informe al ciudadano, por eso hay que preguntar para saber o, por lo menos, quien dice que sabe y tiene el poder dirá lo que es.

4

Y llegó la pandemia

Y nos metimos en casa; qué miedo al principio, qué difícil después, qué molestia en seguida. ¿Y la vacuna, apá? ¿Y el cubrebocas, amá? ¿Y las fiestas, mijo? Es difícil ironizar de algo tan terrible, pero el mexicano sobrevive gracias a que vence la tragedia con humor y valentía, pasando más allá de la ironía y la risa. Estas frases van con respeto y cariño para todos.

Que tapa
el cubre
sí muchas
como pocas
hable bien
de ti.
Gracias,
cubrebocas.

Mira, Bartola,
yo no sé
de qué te quejas
si te doy
beso sobre beso,
aunque no pasen
de dos
y uso kn95.

Me duele
ligeramente
la cabeza
y tengo,
ligeramente,
tos.
Tómate un
paracetamol
y nos vemos
ligeramente
en catorce días.

Si estás
agripado,
¿por qué
no te haces
la prueba?
NO.
¿Por qué?
Siempre
Repruebo.

Un homenaje
para el
que combatió
el COVID
y otro homenaje
para el que vivió
con él.

Es increíble
lo que pasa.
No puedo salirme
de mi casa,
no quiero
vivir así;
no es posible
estando así.
Quizás muera,
pero, por Dios,
que sea
afuera.
Aparece este mal
bicho
y no me halla.
Si no
lo nombro,
quizás se vaya.

Cambio de tema y de humor. Aun en pandemia, el amor se abre paso para manifestarse, a pesar de los pesares, contingencia o no. Me comentó un amigo que vio algo que jura que fue verdad y que a él le resultó gratificante y esperanzador, pues pensó que no está todo perdido. Un joven, después de arrodillarse, le preguntó a su hermosa pareja si se casaría con él y se dio el siguiente diálogo:

"Pero tengo síntomas",
le contestó.
"No importa, estoy contigo",
le reviró.
"No quiero contagiarte".
"Pero ya lo hiciste".
"¿Cómo es eso?".
"¡Te amo!".

Se abrazaron y dejaron su cubrebocas en la basura, aunque era de triple capa y lavable.

5

En las relaciones humanas

Hay encuentros, desencuentros, reencuentros, no te encuentro, y cosas así decía mi vecina. No le quise preguntar a qué se refería con lo de cosas así.

Se camina sin sentido, se va de lado, se va del otro y luego no se sabe de qué lado se va. La mentira o el mentir se convierte en obsesión, se bloquea y se cierra toda opción.

Mucho
tiempo
invertido
para sólo
ganar tu olvido.

Tu imagen
se divisa claramente
en mi camino cerrado.

¿Para qué
huyes solo
si sólo
alcanzarás
tu
mentira?

De ganar y perder escuché en una canción que nunca presumas tu mano en el póker antes de tiempo y que nunca pidas una carta de más; no cuentes tu dinero hasta saber que puedes contarlo y debes estar seguro cuando ganas de que efectivamente ganaste.

"Voy a ganarles a todos
porque soy
ganador.
Tengo la partida
más alta",
decía el jugador
y luego
despertó.

Nunca digas
tengo
cuando nadie
pregunte.
¿Por qué?
Porque es nadie
quien pregunta.

No pidas
todo
porque
corres
el riesgo
de
recibirlo
y luego
dónde
lo pones.

Dijiste:
"¡Gané!".
"¿Aprendiste?".
"¿Qué aprendí?".
"Qué es ganar,
porque ya sabias
qué es perder".

6
En el ambiente universitario

Se escucha cada cosa en reuniones, conferencias, pláticas de pasillo… He aquí algunas de éstas que me llamaron la atención, o inclusive yo las dije en su momento. Considerando el enfoque y las fuentes de información que fueron consideradas para armar el concepto, desde la base epistemológica y su paradigma existencial, como la dialéctica del proceso, llegando a la síntesis a partir de la lucha de contrarios, definiendo el marco teórico y de referencia, además del *pienso luego existo,* y el *sin embargo se mueve,* que llega a describir la ecuación E= mc2 o la teoría de cuerdas… Bueno la idea es esa.

Ah, pero hay que señalar a los autores para considerar desde qué lugar estás hablando y si es congruente con tu planteamiento.

Cosas así se escuchan en pasillos y aulas universitarias, bueno, ahora más bien por el Zoom.

Déjame ser
parte
de tu
imaginario…
¿según qué autor?

Al principio
significabas
tanto
para mí,
hasta que
quedo
instituido

Amor,
te
imagino
desde una
subjetividad
radicalmente
subjetiva.

Si me amas,
déjame pensar en ti,
aunque no te vea, no te toque
y no lo sepas,
decían los diálogos.
¿Qué diálogos?
De Platón.

En el diván del psicólogo:
Mi mente
en tu mente,
mi pensamiento
en tu
pensamiento.
¿Qué dijo el paciente?
¡Qué miedo!

Entre investigadores:

¿Te amo y me amas?
Pregunta tal
que guía
mi investigación.
Me gustaría
confirmarlo
usando un
método experimental.

Buscaba yo
la muestra de estudio,
pero me equivoqué de lugar.
Creí preguntar
en una instancia laboral;
resultó un laboratorio
de análisis clínicos.
Excuso decirles
la muestra que encontré

Trabajando en pandemia:

No me puedo
levantar.
No estoy seguro.
Tengo que impartir clases
y de la cama ruedo,
que rudo trabajo.
Ya basta.
¡Alcánzame la *laptop*!

Podría mirarte
todo el día,
pero el
Zoom
no me lo
permite.

Conocí en mi trabajo a una maestra de lenguaje de señas muy querida y respetada por sus alumnos y por las personas que la conocimos, y van estos versos que reflejan lo que sus alumnos sentían por ella, con mucho respeto para esta gran compañera de trabajo.

Te amo.
En tu silencio
sólo mi seña
atiendes.
Tus ojos me dicen
que entiendes
el lenguaje
de mis manos.

Decía el filósofo:

La verdad
es innegable,
el problema
es descubrir
cuál es
para
no negarla.

El conocimiento
es luz,
es sabiduría,
pues será,
pero
no veo claro;
necesito
nueva graduación
u
otros conceptos.

7

La música y las canciones

Son fuente inagotable de ideas y reflexiones. Desde niño quise ser cantante y soñaba con estar en un concierto de los Beatles y cantar con ellos. Al decir Beatles, ya el lector se imaginará mi edad y mi generación, pues así es, lo cual no obsta, para que conste, que mis oídos siguen activos para lo que ahora se escucha.

De algunos autores y de algunas canciones escuché o inventé algunas frases; de Alex Lora, José Alfredo Jiménez, Creedence Clearwater Revival, Chayanne, The Doors, The Beatles, The Rolling Stones, vaya, mi reconocimiento para todos estos artistas que, de un modo u otro, inspiran a partir de letras de sus canciones, así sea un intento de poemínimos o reflexiones. O inclusive describen, o ayudan a describir, circunstancias de la vida que no tienen tiempo de caducidad y que nos hacen pensar no sólo en el ayer, sino en el imaginar que las cosas podrían ser mejores, si cada uno de nosotros somos capaces de pensarlo.

"¿Has visto alguna
vez la lluvia?"*.
¿Que no es canción de Creedence?
...y pasó el río desbordado
por la lluvia...
Nunca supimos la respuesta
(*John Fogerty, *¿Has visto alguna vez la lluvia?*, Fantasy, 1971)

Decía el gran músico-poeta
que podíamos sólo con amor
ser todos como uno,
amando e imaginando,
y el mundo dejaría de estar
perdido*.
Y aunque estoy con él,
Desgraciadamente observo
que muchos, más de uno,
creen ser el mundo.
(Parafraseando a J. Lennon, *Imagina*,
Apple Records, 1971)

De joven, buscando amor, buscando respuestas:

"Ya me canso
de llorar"*.
Y no sólo
no amanece,
sino que todavía
te sigo soñando.
(*Tomás Mendez, *Paloma negra*, RCA Victor, 1961)

"Escucha
mi voz
vibrar bajo
tu ventana"*.
Yo no puedo;
excelentes
tapones.

(*Gabriel Ruiz, Gabriel Luna de la Fuente, *Despierta*,
Peerless, 1952)

Canciones de otra época que traen recuerdos, pero
que no las veo ahora; desaparecieron en la bruma del
tiempo. No encuentro las respuestas que ya tenía, ya no
se escuchan más, el olvido se las llevó o un mal oído.

Cuando era pequeño
escuché
que "la respuesta está
en el viento"*.
Todavía no sé
la respuesta...
por más   viento que haga.

(*Bob Dylan, *La respuesta está en el viento*, Columbia,1963)

"Estoy en el rincón de
una cantina"*,
pero no oigo la canción
que yo pedí
ni la copa que necesito.
"Quiero estar borracho,
yo quiero sentirme de lo peor"*.
Le preguntaré
a ese mesero
vestido de blanco
por qué en este lugar
no me atienden.
Me dijo que
este pabellón
no tiene servicio de bar.
Salí corriendo.

(*Alfredo Jiménez, *Tu recuerdo y yo*)
(*Alex Lora, *Oye, cantinero*, Warner Music Latina, 1991)

Cuando te pedí
que hiciéramos
"un viaje mágico y misterioso"*
nunca me imaginé
que me traerías
al metro.

(*John Lennon, Paul McCartney, *Viaje mágico y misterioso*,
Apple Records, 1967)

Dice la canción:

"Lo dejaría todo
porque te quedaras" *.
Así es
para que
al salir
no me cobres
nada.

(*Chayanne, *Lo dejaría todo*, Sony Discos, 1998)

"Amala
locamente"*,
con toda la fuerza
de tu
inconsciente
(*The Doors, *Love her madly*, Elektra,1971)
Me dijo:
"El cielo
está
cerca de ti".
Por eso
"para subir
al cielo"
sólo traje
la escalera
chiquita.
(Recordando *La bamba*, canción mexicana de
dominio público. Pueden checar versión de
Ritchie Valens, Del-fi, 1958)

Decía el narcisista:

"Yo no nací para amar"*.
Y tenía razón.
(*Juan Gabriel, *Yo no nací para amar*, Ariola, 1980)

Siempre aprende uno algo.
Me dijo: "Enciende mi fuego"*.
Acudí emocionado.
Resultado:
aprendí a fumar.
(*Densmore, J., Morrison, J., Manzarek, J., Krieger, R., *Light my fire*, Elektra Records, 1967)

Solo por la carretera
de noche
escucho
que me calle,
lo oigo fuerte.
Tengo miedo
y
sugestionado
te veo aproximándote
en la bruma de la noche.
Tengo simpatía por ti,
pero sólo en la canción.
No te acerques.
Tengo miedo;
Entiende.
Simpatía para ti sólo en la canción*.
Mejor apago el radio.

(*Parafraseando a Mick Jagger y Keith Richards,
Simpatía por el diablo, Rolling Stones, Decca, 1968)

8
La alimentación y la salud

Son parte importante de la vida. Y luego de saberme diabético, tener sobrepeso y otras dolencias, innumerables frases y dichos me vienen a la mente. Sólo escogeré unos cuantos, referidos a cuestiones de médicos y de salud, porque tengo consulta al rato con el dentista.

Hay dolor.
Me volviste
a dar
tan profundo
y pertinaz;
lo llevo
muy adentro.
Tengo una
idea fija,
quítenmela.
¡¿Ya?!
Muela.
¡¿Jija?!

Era de carácter
tan dulce y amable,
tan tierna
y melosa,
que tuve que
decirle
adiós,
soy
diabético.

Antes de ser remitido al otorrinolaringólogo:

Escucha, mi amor,
el eco
de mi alma
que dice
tu nombre;
escucha
bien
porque
yo no
oigo nada.

Epitafio:
Respiraba muy
agitado,
tenía
la presión alta,
me hizo falta
tu cuidado.
No hubiera muerto
si hubieras estado.
Dicen que el hubiera
no existe,
tampoco yo.

Y de otras formas de curarse y de mi sobrepeso:

Me sentía gordo
todo el
tiempo,
pero con el
tiempo
dejé de sentirlo.

Quiero comerte
toda
muy despacito;
quiero tenerte
completa
para
satisfacer
mi ego
con jamón de pierna
y queso manchego,
pero sin jitomate.
Estoy a dieta.

Alcohol
bendito,
¿qué haces
Aquí?
Cúramela,
Maldito.

Ya estando así, pues otra de alcohol, que lo usamos
para olvidar, pero resulta que más nos acordamos y
entonces seguimos bebiendo para seguir olvidando y
así no acabamos nunca. Después de eso bebemos para
curar la herida y, al no curarse, pues seguimos bebiendo,
y al final pues ya no me acuerdo para qué.

Deme otra bebida;
ésta no funciona,
sólo me emborracha.
**Pues para eso bebe,
¿qué no?**
Es que me acuerdo de todo.
¿Y?
Pues bebo para
Olvidar.

Llegó borracho el borracho,
saludando a todos.
No había todos,
era un espejo.

9

A veces nos pasa

O al menos a mí, que creía en algo y no fue así; o bien, no me hallo aquí, no pertenezco. Pensé que algo o alguien era y no fue. No saber dónde se está y por qué se está en algún lugar, que las cosas no son como parecen y que ya no se cree en lo que te dicen o prometen, o algo así. O bien, que la niña que me gustaba tenía sólo un inconveniente: era niña.

Y yo que
la llevé
al río
creyendo
que era
mozuela.
Tuve que salir
corriendo.
¿Por qué?
Sí lo era.

No soy
de ninguna parte.
¿Por qué dices eso?
Porque
soy de aquí.

Mi meta fue
llegar
a algún lado.
¡Ya llegué!
Ahora mi meta
es saber
a dónde.

La paradoja del crecer, un programa de televisión así se llamaba; cómo duele crecer, cuánta razón tenía:

Ya lo pensé mejor:
quiero
crecer,
aunque tenga que
aprender
y aunque tenga que
sufrir.
Pero… si no aprendo
y no sufro,
¡entonces para qué crezco!

Cada uno de ustedes
se esfuerza.
Díganle a Dios
que les dé fuerza
para vivir juntos los dos
o felizmente separados.
Gracias a Dios.

Cosas de la política:

"Démosle
un chance
al pueblo",
decía
el candidato.
No le creímos.
¿Por qué?
No nos
dijo qué pueblo.

Cuantas veces hemos visto que a nosotros, o a otros como nosotros, se nos impide crecer o lo intentan. A veces parece buena intención, la mayoría de las veces así lo parece, pero, créanme, no lo es:

"Por favor,
no crezcas.
Quédate así.
Eres pequeña
y
simpática,
¿para qué
crecer?",
decía
un árbol grande
a una ramita
que
estaba naciendo
y podría
llegar a ser
tan grande o más
que él.

Generalmente gastamos mucho de nuestro tiempo en pensar en alguien o algo que quizás no es para nosotros, y sabemos que no nos lleva a nada, pero seguimos pensando y pensando. Mejor no pensemos más en lo que no es para nosotros.

Pienso mucho
en ti,
en una parte
de ti,
pero como no
te tengo a ti,
¿para qué pienso?

Cuando no escuchamos bien las instrucciones
pasan cosas.

Tráeme pañales etapa dos:

Me pidieron unos
pañales tapados
y no los encontré
en ningún lado.

"Tráeme unos tacos
de machitos".
"¿A poco todavía hay?".
"Sí".
"Pues mejor
denúncialos".

Y necio que quería una quesadilla:

"De huatzilopotztli".
"No, señor,
será unos huazontles".
"Usted deme lo que le pido".
"Será de huitlacoche".
"No… Era algo
menos moderno".

10

Y de espantos, muertos y monstruos.En nuestra
tradición mexicana, los muertos son un tema que nos
importa mucho. Algunos interpretan que es por miedo,
otros dicen que al contrario. Lo cierto es que es un tema
que nos ocupa y el cual nos lleva a tener tradiciones y
creencias. Decimos que no hay que temerle al muerto,
pero hay que temerle al vivo.

El monstruo
ya se fue,
ja, ja.
¡No me dio miedo!
Ja, ja.
¿Ya podré abrir
los ojos?

El malo
no lo ves,
sólo lo sientes.
El malo
está detrás de ti;
mejor bájate
en la
próxima
estación.

Va de retro.
No me espantas,
no te tengo miedo,
no me espantas.
Yo soy
el que soy
y tú el
que eres.
No me espantas,
además,
ya prendí la luz.

Engendro
del demonio,
estás ahí
acechando,
gesticulando,
pero
no pasa nada,
ya cerré la puerta.

Te vi en el panteón
descarnado
hueso
tras
hueso.
Lo bueno
es que
llevé a mi perro.

Odio y discriminación,
violencia y muerte,
desenfreno y destrucción;
mejor apaga la tele.

Bestia ancestral,
maldad colectiva,
incubus o *succubus,*
no,
microbús
de la central.

En una lápida:

Estás bien ahí.
Deja de hacer ruido
de quejidos
y lamentos.
Te mereces
los tormentos
por haber
huido
de mí.

Cuando te asalta un mal pensamiento:

Luz libera,
quítalo de mí.
No perteneces aquí.
Sal de mi mente,
fuera tu maldad.
No entrés aquí.
Luz no liberó;

tuve el mal pensamiento.

El pueblo mexicano tiene muy arraigada la creencia
en el más allá, es fiel a sus tradiciones y costumbres; en
día de muertos, las ofrendas, las calaveritas.

Aquí yace
ya hace tiempo
y murió
porque todo lo dejó
al tiempo.

Viene la muerte al despiste
porque trae su encargo.
Ah, qué muerte tan latosa.
Sigue distraída,
creyéndose hermosa.
Tonta muerte, no me viste.

Vamos al país de los olvidados
para no dejar de sentir
mi amor y mi duelo
antes de dormir,
mi querido abuelo.

11

De adolescente, clase mediero nerd, me dio por escribir poemas de amor, a ver si no se ríen, o bien ríanse, porque a final de cuentas, creo que todos en algún momento hicimos o intentamos escribir algo a la chica que nos gustaba, o escuchamos alguna canción que nos gustó y relacionamos con alguien que quisimos.

Tus ojos color de posibilidad,
tus labios casi siendo,
tu cuerpo casi estando,
tu alma para mi vanidad
termina no siendo ni estando.

"Te quiero porque sos"*
mi alma y mi todo,
decía la canción que me gustó,
porque dice que somos
mucho más que dos
y gracias a ti
lo somos.

(*Mario Benedetti, *Te quiero*, Viosor Libros, 1974)

Saliendo de la escuela
te quise decir
lo que siento por ti.
Tan nervioso me sentí
que sólo
yo lo supe.

De poemínimos románticos: un poemínimo no es necesariamente serio o romántico, es más bien irónico o de humor, pero no me resistí a hacer una pausa para incluir algunos poemínimos románticos y serios, *y no lo conseguí:*

Que será, lo sigue:

Tan bella es que extraña.
Quisiera poder describir
este momento.
¿Esto es amor?
Qué bello.
Esto es amor,
no lo que le sigue.

¿En serio?
Te quiero
así como eres.
¿O sea así
como soy?
Sí.
No, ya en serio.

Eres mía en mi pensamiento.
Eres mía en mis sentimientos.
Obsesión de posesión
porque no te tengo.

Sólo una simple pregunta
a ti.
Dime por favor
si, así
como con mi alma
te quiere,
¿tu alma me querrá
a mí?

Un abrazo dice más que mil palabras:

Cuando me estabas platicando
no te escuché, amor.
Estaba concentrado
queriéndote besar,
por eso digo:
sigue platicando.

Ya para terminar les presento mi primer poemínimo,
que lo escribí sin saber si era poemínimo, e inclusive
todavía no sé si lo es, pero la idea es esa.

Queriendo decir
muchas
cosas
escribía y escribía,
diciendo
lo que quería
decir,
y no sé si lo dije.

Referencias

Huerta, E. (1980). Estampida de poemínimos. México: Premia.

Huerta, E. (1995). Poesía completa. México: Fondo de Cultura Económica.

Montemayor, C. (2005). Notas sobre la poesía de Efraín Huerta. Casa del tiempo, 80, 4-9.

N/A. (2013). Los poemínimos de Efraín Huerta. 18/08/22, de Círculo de poesía Sitio web: https:// circulodepoesia.com/2013/12/los-poemini-mos-de-efrain-huerta/

Canciones: algunos poemínimos que se presentan en este libro tomaron alguna frase o una palabra de canciones nacionales, internacionales o de dominio público, **y se citan en el poemínimo correspondiente**, no como referencia para un contenido temático, sino como elementos que ayudaron a la realización de estos poemínimos.

Lennon, J., McCartney P. Magical Mystery Tour. Parlophone (UK), Capitol (EUA), 1967.

Lennon, J., McCartney P. The End. Apple Records, 1969.

Lennon, J. Imagine. Apple Records, 1971.

Fogerty, J. Have You Ever Seen the Rain? Fantasy Records, 1971.

The Doors. Love Her Madly. Elektra Records, 1971.

Densmore, J., Morrison, J., Manzarek, J., Krieger, R. Light My Fire. Elektra Records.

Dylan, B. Blowin' in the Wind. Columbia Records, 1963.

Lora, A. Oye cantinero. Warner Music Latina, 1991.

Jagger, M., Richards, K. Sympathy for the Devil. Decca Records, 1968.

Jiménez, J. A. Llegó borracho el borracho. RCA Victor, N/A.

Jiménez, J.A., Vargas, P. Tu recuerdo y yo. N/A.

Mendez, T. Paloma Negra. N/A.

Luna, G., Ruiz, G. Despierta. N/A.

Aguilera, A. Yo no nací para amar. Ariola Records, 1980.

Salgado, F. Dejaría todo. Sony Music Latin, Columbia
    Records, 1998.

Valens, R. La Bamba. Del-Fi Records, 1959.

Pero la principal fuente que nutrió estos poemí-
nimos y frases fue "la vida misma", voces cotidianas,
sucesos, experiencias, dichos y modos de expresión de la
gente. Esas son las verdaderas fuentes de referencia que
construyeron este libro.

www.ingramcontent.com/pod-product-compliance
Lightning Source LLC
Chambersburg PA
CBHW052211090426
42741CB00010B/2500

*9 7 8 1 6 3 7 6 5 4 0 6 4 *